Stern-Rezepte

Fische

UMSCHAU

Gabriele Gugetzer • Karin Stahlhut

Fische

20.02. – 20.03.

Rezepte für Liebe, Erfolg und Glück

UMSCHAU

Inhalt

Einleitung
Fisch: Ein Meer von Köstlichkeiten 8

Vorspeisen
Confit de légumes 22
Frische Artischocken mit pikantem Dip 24
Eisbergsalat American 26
Chicoréeblätter mit Füllung 27
Zip-Zap-Pasta – Ihr Erfolgsrezept 28
Bulgur mit aromatischem Hühnerfilet im Salatblatt 30
Pappardelle in Morchelsauce 34
Grüne Bohnen mit japanischem Dressing und Tofu 35
Gnocchi aus Avocado und Melone in warmer Apfelsauce 36
Kerbelsüppchen mit Spargeleinlage 38
Möhrensuppe mit roter Paprikaeinlage 40
Geeiste Tomatensuppe – Ihr Glücksrezept 42
Kürbissuppe mit Honigkuchen-Croûtons 43
English Tea 44
    Der Tee 44
    Sandwiches mit Räucherlachsfüllung 44
    Eiersandwiches 45
    Scones 46
    Reineclauden-Marmelade 47
    Safranbrötchen mit Frischkäse-Füllung 48

Hauptgerichte

Orecchiette mit Erbsen 52
Kartoffelpuffer mit Räucherlachs 53
Pizza Quattro stagioni 54
Rotbarschfilet mit Lauchgemüse in Haselnuss-Sahne 56
Kalbsleber mit Rotwein-Schalotten und Pastinakenpüree 57
Boeuf Stroganoff mit Pilaw 58
Heringssalat mit neuen Kartoffeln 60
Überbackener Blumenkohl auf Reisbett 61
Lachsravioli in Dillsahne mit einem Schuss Pernod 62
Schweinekoteletts aus der Normandie 64
Schweinelende mit Spargelsalat und Kerbelkartoffeln 65
Filet vom Roten Schnapper auf Fenchelgrün-Bett 66
    Zitronenöl 67

Desserts

Valentinstag – Ihr Liebesrezept 70
Minimändelchen... 74
Affogato.. 75
Vanillekipferl 76
Baumkuchen 78
Zitronenkuchen 79
Apfeltarte mit Mandelfüllung 80
Ananas Tarte Tatin 82
Götterspeise für Erwachsene 84

Die besonderen Seiten der Fische

Handkäs mit Musik - Das Rausschmeißerrezept 88
Das Glücksmenü der Fische 90
Das Erfolgsmenü der Fische 91
Das Liebesmenü der Fische................................ 92

Register

Impressum

Fisch: Ein Meer von Köstlichkeiten

Andromeda, Kepheus und das so genannte Band, diese seltsame Sternenansammlung, die zwei Fische verbindet – das sind meine funkelnden, rätselhaften, unglaublich schönen, fernen Begleiter am Firmament. Sie zeigen mein Sternbild bis in alle Ewigkeit. Und Neptun, mein astrologischer Beschützer, zieht irgendwo seine Bahn und gibt auf mich Acht. Beständigkeit ... wie beruhigend, wie liebkosend für meine sanfte Seele, die so häufig hin und hergeworfen, ja, gerissen wird zwischen Wollen und Sollen, Erwartungen und Enttäuschungen, Liebe und Leid, Unverbindlichkeit und Unabhängigkeit.

Gerade jetzt denke ich, ich könnte mir ein kleines Zelt aufbauen, irgendwo in einem Garten oder auf dem freien Feld, mich auf eine weiche Decke aus Moos und Blättern betten und stundenlang in den nächtlichen Himmel schauen und den Stimmen der Plejaden lauschen, die mir Geschichten erzählen, die so wunderbar sind und die noch nie ein Mensch zuvor gehört hat.

Wenn ich mich nicht gerade im Meer der Planeten verliere, tun es auch ein Teich, ein Bachlauf, ein Fluss, die Badewanne oder ein Ozean. Hauptsache, ich kann mich gleiten lassen, mich im Fließen entgrenzen, die Unendlichkeit spüren und mich so von einer Welt erholen, die für Träume nicht so viel übrig hat, wie es mir lieb wäre.

Ständig versuchen irgendwelche emotionalen Trampel (ich will da keine Sternzeichen nennen!), mich auf irgendetwas festzulegen: einen Termin, eine Aussage, eine Unterschrift. Ich will aber nicht, jedenfalls nicht sofort und nicht so schrecklich konkret. Der Materialismus ist eine einzige Zumutung für mich und ich kann Undine, Arielle und dem Volk von Atlantis nur empfehlen, zu bleiben, wo sie sind. Im Meer der Möglichkeiten, statt gestrandet am Ufer der Ego- und Fun-Gesellschaft.

Leider kann man im 3. Jahrtausend nicht vor dieser Spezies flüchten (die, so sagt es mir meine Intuition und auf die ist meist Verlass, überproportional häufig von feurigen Sternenvertretern wie Widder oder knochenharten Erdelementariern wie dem Steinbock verkörpert werden), aber wenigstens im Urlaub will ich davon verschont sein und ziehe mich gern auf die Malediven, die finnische Seenplatte oder die bizarre Landschaft Islands mit ihren Geysiren, Trollen und Kobolden zurück.

Wenn Sie mich je in einer Disco auf Ibiza erwischen, bin ich entweder geschlagen mit einem eitlen Aszendenten wie Löwe oder habe dem Ansinnen gutmeinender Freunde, die meinen mich »unter die Leute« mischen zu müssen, nicht genug Widerstand entgegengesetzt und bin ins Flugzeug getragen worden.

Nun ja. Bei all dem haben Sie jetzt das Gefühl, es mit einem windelweichen Sonderling zu tun zu haben, der nichts auf die Reihe kriegt, stimmt's? Hm, dachte ich mir schon. Macht nichts, mein Herz ist weit und Irren ist menschlich.

Tatsächlich verhält es sich mit uns ein klein wenig anders: Wir sind außerordentlich erfolgreich! Unsere Intuition und der vor allem bei Frauen sehr beeindruckend entwickelte Intellekt befähigen uns für Top-Positionen in Medien (besonders als Chefredakteurinnen machen wir eine gute Figur!) und ja, durchaus auch in Wirtschaft und Politik: George Washington und Hans-Dietrich Genscher – zwei von unserer Fraktion!

Aber es kommt noch besser: Auch auf der privaten Bühne sind wir echte High-Potentials, heißbegehrte charismatische Objekte der Begierde, was zweifelsohne an unserer Vielseitigkeit liegt. Eindimensionalität fehlt in unserem Vokabular, nie kämen wir auf die Idee, nur einem Interesse zu folgen.

Wir lieben Computerspiele, Drachenfliegen, Zirkus, absurdes Theater, wohnen charmant chaotisch, orientalisch oder chinesisch mit Wänden aus Reispapier, Böden aus Schilfgras und Bildern aus Gedanken; wir summen »El condor pasa«, »Bicaya« und »I am sailing«, meditieren gern, üben uns im klassischen Hatha-Yoga, finden Actionfilme gräßlich und weinen bei der x-ten TV-Wiederholung von »Schlaflos in Seattle«, haben uns als Kind am liebsten verkleidet oder Seifenblasen zum Himmel geschickt, rezitieren Gedichte von Novalis – auswendig, versteht sich; wir fahren am liebsten romantische Autos wie eine lila Ente oder einen Jaguar in Racing green, finden Tempeltänze nachahmenswert und Sphärenklänge sehr beruhigend und bewundern André Heller und Audrey Hepburn, Michelangelo und Rudolf Steiner.

Und wir sind verdammt attraktiv.

Der Blick des Fische-Mannes geht einem durch und durch, durch einen hindurch und von dort in die Ferne, als warte Liv Tyler am Horizont darauf, gerettet zu werden, von ihm, einem der letzten edlen Ritter, die eine Frau nicht sofort ins Bett ziehen, sondern sie eine Weile anbeten, zwei bis fünf Gedichte schreiben oder CDs mit Liebessongs brennen, bevor sie sie sowas von kompetent, selbstlos und unermüdlich zu erotischen Höhenflügen bringen.

Fische-Frauen sind Schönheiten mit seltsamen Augen, ovalem Gesicht, undefinierbarem Charme und anmutiger Zerbrechlichkeit. Ob Mann sie erobern kann, wird nicht einmal dann klar, wenn beide vor dem Traualtar stehen, denn sie bewahrt sich stets eine unerklärliche Unverbindlichkeit, die von ihrer reichen Fantasie ergänzt und von ihrer Sensibilität reizvoll kontrastiert wird.

Legendär geradezu die Fähigkeit aller Fische-Menschen, sich aufopfern zu können und zu wollen, zuhören zu können, transzendental zu denken, sehnsüchtig zu fühlen, elegisch, romantisch und uneigennützig zu handeln. Was ein Segen für die Liebe sein kann, wirkt leider häufig wie ein Betablocker im Alltag: Unser Hang zur Unentschlossenheit, Gefühlsduselei, Ängstlichkeit und langen Leitung bei praktischen Erfordernissen treibt alle Feuer- und Erdzeichen in die Flucht oder auf die Palme und selbst die Wasserzeichen, die es besser wissen müssten, rollen mit den Augen. Nur die Luftzeichen zeigen sich etwas toleranter.

Zu unserer Verteidigung sei einmal sehr deutlich gesagt: Wir sind die letzten im Sternenkreis, wir haben alles erlebt alles durchlitten, selbst den Haudrauf-Widder und den gnadenlosen Skorpion haben wir in vorangegangenen Inkarnationen überlebt – wir wissen und besitzen alle Eigenschaften der elf anderen und jetzt sind wir in allem und alles ist in uns... Ist es da ein Mysterium oder unlogisch, dass wir es häufig leid sind, zu entscheiden, zu debattieren, zu handeln, zu was weiß ich, sondern uns lieber treiben lassen im Hier und Jetzt?

Sehen Sie! Sie haben mich verstanden! Danke schön.

Essen? Wie? Es geht in diesem Buch ums Essen? Oh je, das schwamm irgendwie an mir vorüber. Was vermutlich daran liegt, dass wir es auch in diesem Bereich hassen, uns festzulegen. Wir essen irgendwann irgendetwas, vegetarisch, makrobiotisch, alles durcheinander und experimentell. Viele von uns sind naschhaft und richten ihr Leben und ihre Reisen nach gastronomischen Schwerpunkten aus, wie Trüffel in der Toskana, Pudding in England, Schokolade in der Schweiz.

Da wir aber leider dazu neigen, um die Taille einige Schwimmringe (Flossen sagt der hinterhältige Skorpion) anzulegen, sollten wir uns gelegentlich auf das besinnen, was unserem Organismus gut tut – und uns trotzdem mundet: magerer Fisch, wenig gebratenes, sondern lieber gegrilltes Fleisch, zusätzlich viel Reis, Algen, Spargel, Sojabohnen, Curry, Wassermelone, Papaya. Und Suppen natürlich. SUPPEN! Noch ein Meer, in dem wir uns verlieren können...

Bistro

Vorspeisen

Confit de légumes

Eine Gemüseplatte aus gesundheitlichen Gründen zu verzehren, käme Franzosen nicht in den Sinn. Denn sie verehren Gemüse und nicht nur das Edle, sondern auch das ganz Alltägliche. Dieses Rezept lässt denn auch einen zu flossig gewordenen Fisch nicht eine Minute daran denken, dass er gerade auf seine Linie achtet.

300 g feste, kleine Zucchini, geputzt, von Enden befreit, mit einem Sparschäler längs in hauchdünne Streifen geschnitten
500 g feste aromatische Tomaten (Kirschtomaten oder Roma-Tomaten), gewaschen, in dünnen Scheiben
1 Bund Frühlingszwiebeln, geputzt, in diagonalen Röllchen
4 Stängel Zitronenthymian, Blättchen abgerebelt
3 Lorbeerblätter
100 ml Weißwein
4 EL bestes Olivenöl extra vergine
1 Knoblauchzehe, abgezogen, gehackt
Salz und schwarzer Pfeffer aus der Mühle
Grüne und schwarze Oliven nach Wunsch
1 frisches Baguette

Gemüse und Kräuter in einer flachen Schale nebeneinander schichten. Weißwein, Olivenöl extra vergine und Knoblauch in einem Töpfchen erhitzen. Knoblauch, Salz und Pfeffer unterrühren. Die Marinade über das Gemüse gießen. 2 Stunden abgedeckt bei Zimmertemperatur marinieren, dann wenden. Beim Wenden Oliven unterrühren. Nochmals zwei Stunden abgedeckt bei Zimmertemperatur marinieren. Alternativ über Nacht abgedeckt im Kühlschrank marinieren lassen. Vor dem Servieren auf Zimmertemperatur bringen. Baguette bei Wunsch mit etwas Wasser besprengen und im Ofen bei mittlerer Hitze 5 Minuten knusprig werden lassen. Dazu servieren.

Frische Artischocken mit pikantem Dip

Eine Vorspeise, bei der man so richtig schön verweilen kann, sich unterhalten, vielleicht über den Liebeskummer eines geliebten Menschen, der einem heute Abend sein Herz ausschütten will, denn wer, wenn nicht dieses Sternbild, kann wunderbar zuhören und sich dank des bei der Geburt eingepflanzten Mitgefühls in jeden Kummer hineinversetzen? Ziel- und performanceorientierte Sternbilder würde es natürlich in den Wahnsinn treiben, ein Blättchen nach dem anderen von einer Artischocke zu pflücken, in ein Schüsselchen mit Olivenöl und gehackten Eiern zu tunken, dabei ein bißchen vom Ei aufzunehmen, dann alles zum Munde zu führen, ohne zu kleckern und 20 Minuten später noch immer diese gleiche Bewegung auszuführen.

Artischockenstiele kurz vor dem Ansatz gerade kappen. Das obere Drittel der Artischocken mit einem scharfen Messer abschneiden. Die ganz harten äußeren Blätter ebenfalls entfernen. 2 Zitronen halbieren. Mit den Schnittflächen die Schnittflächen der Artischocken einreiben. Artischocken mit Zitronenhälften in einem großen Topf mit sprudelndem Wasser, das die Artischocken bedeckt, einmal aufwallen lassen, dann 40-50 Minuten weich garen. Unterdessen aus dem Saft der letzten Zitrone und den restlichen Zutaten eine Dippsauce zubereiten und pikant abschmecken. In vier Schüsselchen füllen.

4 große Artischocken, Blätter ohne braune Stellen, Kopf geschlossen
3 Zitronen
100 ml Olivenöl extra vergine
4 Eier, hartgekocht, fein gehackt
Salz und schwarzer Pfeffer aus der Mühle
1 große Knoblauchzehe, abgezogen, gepresst
1/2 Bund glatte Petersilie, fein gehackt

Artischocken auf vier Vorspeiseteller geben und neben der Dippsauce auch noch Teller für die Blätter reichen. Das Köstlichste ist der Artischockenboden im Inneren. Ihn erreichen Sie, wenn Sie sich durch die äußeren Blätter gedippt haben. Das Heu über dem Boden mit einem scharfen Löffel vollständig abkratzen. Restliche Dippsauce über den Artischockenboden träufeln.

Eisbergsalat American

Aus dem Amerika von Marilyn Monroe stammt dieses unschuldige Rezept, nämlich aus der Dinerkultur der 50er-Jahre, die wie MM selbst auch heute noch elegant und irgendwie totschick wirkt. Fische sollten jeden Tag Salat essen. Nur vielleicht nicht immer mit einem so kalorienhaltigen Dressing.

Eisbergsalat rollen. Dann wie eine Orange in Keile teilen. Die Teile unter fließend kaltem Wasser abspülen und abschütteln. Auf vier Tellern anrichten. Aus den restlichen Zutaten mit dem Schneebesen ein Dressing mixen. Dressing über die Salatkeile träufeln.

1 großer Eisbergsalat, im Ganzen
2 EL gute Mayonnaise
100 g Blauschimmelkäse, zerkrümelt
100 g türkischer Jogurt (10% Fettgehalt)
3 EL Buttermilch
1-2 EL Weißweinessig
Steakpfeffer
Salz

Chicoréeblätter mit Füllung

Frische Zutaten, raffiniert zusammengestellt, mit etwas schiefem Blick auf den Fettgehalt – so könnte eine ideale Ernährung der Fische aussehen.

12 große Chicorée-
blätter
450 g-Dose italie-
nische Riesenbohnen,
abgebraust, abge-
tropft
3 EL Olivenöl extra
vergine
Saft von 1/2 Zitrone
1 Knoblauchzehe,
abgezogen, gepresst
Salz und schwarzer
Pfeffer aus der Mühle
100 g Parmesanhobel
1 Hand voll Rucola,
geputzt

Ofen auf 180 °C vorheizen. Chicoréeblätter auf einer Platte anrichten. Bohnen mit Olivenöl, Zitronensaft, Knoblauchzehe, Salz und Pfeffer und der Hälfte der Käsehobel in der Küchenmaschine oder mit dem Zauberstab pürieren. Füllung in die Blätter löffeln. Im Backofen 5-8 Minuten gratinieren. Dann mit Rucolablättern und restlichen Parmesanhobel bestreuen und warm servieren.

Zip-Zap-Pasta
– Ihr Erfolgsrezept

Fische sind nicht immer so perfekt durchorganisiert wie andere Sternzeichen. Und wissen Sie was? Das macht gar nichts. Denn sie sind kreativ und können mit wenigen Zutaten etwas Tolles schaffen, sei es große Kunst oder Küchenkunst. Jeder kluge Mensch arbeitet sich nicht ein Leben lang an seinen Schwächen ab, sondern lernt beizeiten seine Stärken kennen. Dieses Rezept ist für Fische wie gemacht.

Spaghetti in sprudelndem Salzwasser nach Packungsangabe al dente kochen. Unterdessen die Pinienkerne in einer beschichteten Pfanne ohne Fettzugabe bei leichter Hitze 3-4 Minuten rösten, bis sie mittelbraun sind und ihr Aroma entfaltet haben. Gehackte Tomaten in Öl zugeben, Frühlingszwiebeln, Oreganoblättchen unterrühren, mit schwarzem Pfeffer pikant abschmecken. Vom Herd nehmen. Wenn die Pasta gar ist, wird sie direkt aus dem Topf in die Pfanne mit der Sauce gehoben; auf diese Weise ergibt sich durch die Wasserrückstände an der Pasta eine cremige Sauce. Alles gut durchheben, mit der Hälfte der Parmesanhobel bestreuen, nochmals gut durchheben, damit die Wärme der Pasta und des Garsuds die Käsehobel schmelzen lassen. In eine Pastaschüssel füllen, mit den restlichen Parmesanhobeln bestreuen und gleich servieren.

300 g Spaghetti
Salz
100 g Pinienkerne
12 getrocknete Tomaten in Öl, fein gehackt
1 Bund Frühlingszwiebeln, in feinen Röllchen
4 Stängel Oregano, Blättchen fein gehackt
schwarzer Pfeffer aus der Mühle
100 g Parmesan, in feinen Hobeln

Bulgur mit aromatischem Hühnerfilet im Salatblatt

Bulgur ist ein vorgekochter, getrockneter, geschälter und grob zerkleinerter Weizen, der im Nahen und Mittleren Osten für viele Gerichte verwendet wird. Er ist nahrhaft, schmeckt fein nussig und enthält neben Ballaststoffen und Vitaminen das für den Fisch wichtige Eiweiß und das für den Fisch überaus wichtige Eisen.

500 g Hühnerbrustfilet, von Sehnen und Fett befreit
Salz und schwarzer Pfeffer aus der Mühle
2 EL Olivenöl
250 g Bulgur (aus dem Bioladen oder Reformhaus)
1/2 TL – 1 EL Ras el-Hanout (s. **Tipp**)
2 kleine, rote Chilischoten, fein gehackt
2 rote Paprikaschoten, von Samen und Strängen befreit, in hauchdünnen Streifen
500 g aromatische Tomaten, fein gehackt
4 EL Olivenöl extra vergine
Saft von 1 Zitrone
1 TL Zucker
1 fester Kopf Blattsalat, in Einzelblättern, gewaschen

Ofen auf 180 °C vorheizen. Fleisch in ein passendes Stück Alufolie legen, leicht salzen und pfeffern, mit Olivenöl beträufeln und fest in Alufolie einwickeln. 30 Minuten weich garen. Unterdessen Bulgur mit 250 ml heißem Wasser und Ras el-Hanout quellen lassen. Chilischoten, Paprikaschoten, Tomaten, Olivenöl, Zitrone und Zucker unterrühren. Bei Bedarf noch Wasser angießen. Salatblätter auf einer großen Platte anrichten. Bulgur daneben anrichten. Fertig gegartes Hühnerfleisch aus der Folie heben und in mundgerechte Stücke teilen. Dazu reichen. Jetzt kann sich jeder seine Füllung selbst zusammenstellen. Servietten nicht vergessen!

Tipp

Ras el-hanout ist eine klassische Gewürzmischung aus Marokko. Wer sie im gut sortierten Feinkostgeschäft oder im türkischen Lebensmittelgeschäft oder im Internet nicht bekommt, verwendet eine selbst gemachte Mischung. Die Übersetzung des Namens bedeutet in etwa »Das Beste aus dem Laden« und soll darauf hinweisen, dass die besten Inhaltsstoffe nach der persönlichen feinen Nase des Gewürzhändlers ausgewählt wurden. Bestandteile sind auf jeden Fall Kreuzkümmel, Pfefferkörner, Nelken, Kardamom, Muskat, Ingwer, getrocknete Chilis, Kurkuma, Zimt und ein Blütenaroma, wahlweise etwas Lavendel oder Rose. Beim Dosieren ruhig mit etwas Zurückhaltung beginnen.

Pappardelle in Morchelsauce

Ab und zu in die Vollen: Das muss sein. Hier ein sahnig-köstliches Verwöhnrezept.

Morcheln in ein Schüsselchen geben. Mit heißem Wasser aufgießen. 50 ml Sahne dazugießen. 30 Minuten stehen lassen; die Pilze sollten vollständig mit Flüssigkeit bedeckt sein. Dann die Morcheln aus dem Schüsselchen fischen. Das Einweichwasser durch einen Kaffee- oder Teefilter aus Papier abseihen und auffangen. Morcheln fein schneiden. Pappardelle nach Packungsangabe in sprudelndem Salzwasser al dente garen. Unterdessen die restliche Sahne mit dem gefilterten Einweichwasser verrühren. 1 EL Butter in einer Pfanne erhitzen, bis sie schäumt. Schalotte und Zitronenthymian darin 4 Minuten garen, bis die Schalotte glasig ist und die Zweige ihr Aroma abgegeben haben. Zweige entfernen. Morcheln unterrühren. Sahne angießen. Die Sauce bei mittlerer Hitze etwas eindicken lassen. Pikant salzen und pfeffern. Pfanne vom Herd nehmen, Butter unterrühren. Pappardelle direkt aus dem Topf in die Sauce heben, sorgfältig unterrühren, noch heiß servieren.

20 g getrocknete Morcheln
3 EL heißes Wasser
200 ml Sahne
400 g Pappardelle
Salz und schwarzer Pfeffer aus der Mühle
3 EL Butter
1 kleine Schalotte, abgezogen, fein gehackt
4 Zweige Zitronenthymian
50 g Parmesan, frisch gerieben

Grüne Bohnen mit japanischem Dressing und Tofu

Nein, wir wollen Sie nicht vergiften. Hier werden keine Tofu-Bratlinge aufgetischt, die mit irgendetwas Unaussprechlichem aromatisiert wurden, damit sie schmecken wie Hühnerbein, Ananas oder Currywurst. In Japan schätzt man den feinen, leicht säuerlichen und nussigen Eigengeschmack von Tofu, der mit vielen anderen Aromen harmonisisiert (beispielsweise auch Olivenöl) und hochwertiges Eiweiß liefert. Das kann der Fisch gut gebrauchen, um gesund zu werden oder zu bleiben. Für dieses Gericht empfiehlt sich ein Trip zum nächsten Asia-Laden. Die Würzsaucen halten übrigens jahrelang.

500 g Naturtofu, in feinen Würfeln
1 EL Pflanzenöl
1 TL Sesamöl
3 cm Ingwerwurzel, geschält, gerieben
500 g grüne Bohnen, geputzt, längs halbiert
2 TL Mirin
2 EL Sojasauce
2 EL Sesamsaat

Tofu in einer beschichteten Pfanne in beiden Ölen bei Mittelhitze 5 Minuten knusprig braten. Ingwerwurzel unterrühren. Unterdessen die Bohnen in sprudelndem Salzwasser 5 Minuten garen, abgießen und unter den Tofu rühren. Auf einer Platte anrichten. Sesamsaat in einer beschichteten Pfanne ohne Fettzugabe 2 Minuten bei leichter Hitze rösten; auf diese Weise verstärkt sich das Aroma. Mirin und Sojasauce an die Tofu-Bohnen gießen. Mit Sesamsaat bestreuen.

Gnocchi aus Avocado und Melone in warmer Apfelsauce

Fische haben feine Zungen. Manchmal allerdings auch einen Hang zum ausschweifenden Lebenswandel, der ihrer nicht ganz so robusten Gesundheit nur eingeschränkt bekommt. Dieses Rezept hat trotz Raffinesse wenig Kalorien.

Äpfel in einem Topf mit der Hälfte des Limettensafts und der Butter aufsetzen. Bei leichter Hitze köcheln, bis die Äpfel Saft abgeben. Äpfel mit dem Zauberstab pürieren und durch ein Haarsieb streichen. Unterdessen mit einem Melonenstecher aus den Avocados Kugeln auslösen, auf vier Tellern verteilen, mit dem restlichen Limettensaft beträufeln und zurückhaltend salzen und pfeffern. Aus der Melone ebenfalls Kugeln auslösen und daneben dekorieren. Apfelsauce angießen. Gleich servieren.

2 aromatische, süße Äpfel, geschält, entkernt, gehackt
Saft von 1 Limette
3 EL Butter
2 aromatische reife Avocados (am besten Hass-Avocados)
Salz und schwarzer Pfeffer aus der Mühle
1/2 reife Cavaillonmelone

Kerbelsüppchen mit Spargeleinlage

Viele Menschen lieben Spargel. Für den Fisch ist er besonders wichtig, denn er enthält Eisen und hat kaum Kalorien. Der grüne Spargel, der in diesem Rezept verwendet wird, hat zudem noch einen höheren Vitamingehalt als weißer Spargel. Natürlich eignet sich das Rezept auch für andere Spargelsorten.

Butter in einem Topf zerlassen. Schalotten zugeben. Bei leichter Hitze 6 Minuten glasig dünsten; die Schalotten sollen keine Farbe annehmen, denn das gibt ihnen ein unerwünschtes Röstaroma. Hühnerbrühe angießen. Kartoffel und zerkleinerte Spargelstücke zugeben. Brühe salzen und pfeffern, einmal aufkochen lassen, dann 15 Minuten weich köcheln. Kerbel unterrühren, noch 3 Minuten köcheln. Suppe in einer Küchenmaschine oder mit dem Zauberstab pürieren, durch ein Haarsieb wieder zurück in den Topf filtern. Eigelbe mit einem Schneebesen unterrühren. Crème fraîche unterziehen. Spargelköpfe zwei Minuten ziehen lassen. Abschmecken. Suppe und Spargelköpfe auf vier Teller verteilen. Mit Kerbelblättchen garniert serviert.

3 EL Butter
2 Schalotten, abgezogen, fein gehackt
500 ml Hühnerbrühe
1 Kartoffel, geschält, gehackt
Salz und schwarzer Pfeffer aus der Mühle
1 Bund grüner Spargel, holzige Enden abgebrochen, diagonal in fingerdicke Stücke geteilt, Köpfe intakt und zur Seite gelegt
1 Bund frischer Kerbel, einige hübsche Blättchen zur Dekoration beiseite legen
2 Eigelbe
100 ml Crème fraîche

Fische lieben Eisen?

Ja, wenn es nach Herrn Schüssler geht. Er benannte vor über 130 Jahren die nach ihm benannten 12 Zellsalze (Schüssler-Salze), basierend auf der Annahme, dass die Körperzellen 12 Verbindungen der Mineralien Eisen, Kalium, Natrium, Magnesium, Kieselsäure und Calcium benötigen, um gesund zu bleiben. Das Zellsalz Ferrum phosphoricum ist dem Sternbild der Fische zugeordnet und nichts anderes als Eisen.

Möhrensuppe mit roter Paprikaeinlage

Sieht besonders appetitlich aus, denn der knallrote Paprikaschotenklacks wird in die Mitte der orangenroten Möhrensuppe gesetzt. Nun darf der Fisch mal knallrot probieren, mal orangerot, vielleicht auch mit dem Löffel mischen... das ergänzt sich wunderbar mit seinem wenig entscheidungsfreudigen Temperament.

Paprika bei 180 °C im Ofen 50 Minuten garen, bis die Haut schrumpelig und braun ist. Unterdessen Möhren in Brühe mit restlichen Würzzutaten 20 Minuten weich garen. Lorbeerblatt entfernen. Möhren in der Küchenmaschine oder mit dem Zauberstab pürieren. Durch ein Haarsieb passieren. In vier Suppenteller füllen. Die dünne durchsichtige Haut der Paprikaschoten (Zellophanhaut) abziehen; dieser Vorgang macht die Paprikaschote sehr bekömmlich. Samen entfernen. In der Küchenmaschine grob pürieren. Esslöffelweise in die Mitte der Suppenteller setzen.

2 große rote Paprika
1 kg Möhren, geschält, dünn geschnitten
400 ml Hühnerbrühe
2 EL Butter
1 Lorbeerblatt
1 Msp. Paprikapulver (oder nach Geschmack)
Salz und schwarzer Pfeffer aus der Mühle

Geeiste Tomatensuppe – Ihr Glücksrezept

Das Wort Suppenküche hat für den Fisch eine ausschließlich positive, um nicht zu sagen poetische Bedeutung. Was lässt sich nicht alles zu Suppe machen! Hier sind es zwei Tomatensorten – säuerlich und süßlich – und deren Kombination mit Orange, die etwas Ungewöhnliches zaubern, das zudem sehr gesund ist, denn Tomaten liefern Zellschutz und Orangen sind ein Stimmungsaufheller. Den können Fische häufiger brauchen als andere Sternzeichen.

Tomaten und rote Zwiebel in einem Topf im Olivenöl bei mittelhoher Hitze anbraten. Mit Orangensaft ablöschen. Hühnerfond angießen. Orangenschale unterrühren. Abgedeckt bei leichter Hitze 20 Minuten köcheln; zwischendurch den Flüssigkeitsgehalt überprüfen. Kurz vor Ende des Kochvorgangs das Basilikumbündel 2-3 Minuten mitköcheln lassen, dann entfernen. Suppe in der Küchenmaschine oder mit dem Zauberstab pürieren. In einen Behälter umfüllen und 2-3 Stunden im TK-Fach kalt werden lassen. Zum Servieren wieder ganz flüssig, aber nicht mehr warm werden lassen. Mit Bauernbrot servieren.

500 g Eier- oder Roma-Tomaten, halbiert
500 g Kirschtomaten, halbiert
1 rote Zwiebel, abgezogen, fein gehackt
3 EL Olivenöl
Saft und Schale von 1 ungespritzten Orange
400 ml Hühnerfond
1/2 Bund Basilikum, gewaschen
4 Scheiben Bauernbrot

Kürbissuppe mit Honigkuchen-Croûtons

Neptun, der Planet dieses Sternbilds, wirkt ein auf das Nervensystem und insbesondere den Thalamus, den Hauptteil des Zwischenhirns, das als Schaltstelle für Sinnesinformationen dient. Der Thalamus ist Teil des für Gefühle zuständigen limbischen Systems. Aha. Mit anderen Worten: Der Fisch ist sehr emotional. Und schlüpft in gewissen Situationen einfach aus seiner Haut und wird zum Angsthasen. Diese Suppe wärmt und stärkt ihn, wenn's mal dicke kommt.

1 kg aromatischer Kürbis (Hokkaido, Muskat, Butternuss)
100 g Butter
500 ml Kalbsbrühe
3 cm Ingwerwurzel, geschält, gehackt
1 TL Salz
200 g Honigkuchen (ohne Zuckerstreusel), in fingerdicken Scheiben
100 ml Crème fraîche
1 EL Kürbiskernöl (bei Wunsch)

Kürbis schälen, von Fasern und Kernen befreien und in mundgerechte Stücke teilen. Mit 80 g Butter, Kalbsbrühe und Ingwerwurzel in einem Topf aufsetzen, einmal aufwallen lassen und 20 Minuten weich köcheln. Unterdessen die Honigkuchenscheiben klein würfeln und in der restlichen Butter bei leichter Hitze in einer beschichteten Pfanne vorsichtig knusprig backen, nicht bräunen. Den weich gegarten Kürbis in der Küchenmaschine oder mit dem Zauberstab pürieren, danach durch ein Sieb streichen. Crème fraîche angießen. Bei Bedarf noch salzen. Auf vier Teller verteilen, mit Honigkuchen-Croûtons bestreut servieren.

English Tea

Zu den größten Begabungen des Sternbilds Fische gehört die Kunst der Träumerei. Und mit dem schönen und noch nicht ganz ausgestorbenen Ritual des englischen Nachmittagstees kann er sich träumend und auf der Stelle in eine andere Epoche versetzen... prächtige Landsitze, weitläufige Gärten, raschelnde Gewänder, prasselndes Kaminfeuer, angeregte Gespräche, eine aufregende Romanze zwischen hässlichem Schlossherrn und Dienstmagd (Hauptsache, schön kitschig) oder Jungerbin und prachtvollem Chauffeur (natürlich nicht standesgemäß). Dass die Liebe siegen wird, dafür sorgt dieses Sternbild. Denn es hat viel Verständnis und Mitgefühl für die anderen.

Der Tee

Klassische Sorten für den Nachmittagstee sind Earl Grey oder Darjeeling, aber auch der rauchige Lapsang Souchong passt gut zu den herzhaften Sandwiches. Grüner Tee ist ungebräuchlich, Teebeutel sollten es nicht sein, denn sie enthalten minderwertigen Tee.

Sandwiches mit Räucherlachsfüllung

Roggenbrot entrinden. Lachs mit Crème fraîche, Wodka oder Whisky, Salz und schwarzem Pfeffer und Zitronensaft verrühren. Die Hälfte der Roggenscheiben damit belegen. Die andere Hälfte darüber klappen, fest andrücken und dabei die Füllung gleichmäßig verteilen. Diagonal in Dreiecke schneiden.

8 Scheiben Roggenbrot
200 g Räucherlachs, fein gehackt
200 ml Crème fraîche
1 EL Wodka oder Whisky
Salz und schwarzer Pfeffer aus der Mühle
Saft von 1/2 Zitrone

Eiersandwiches

4 Scheiben Frühstücksspeck
8 Scheiben Sandwichbrot
3 EL sehr gute Mayonnaise
1/2 TL englisches Senfpulver
1 Spritzer Zitronensaft
1-2 Spritzer Worcestersauce
4 hartgekochte Eier, grob gehackt
Salz und schwarzer Pfeffer aus der Mühle
1 Kästchen Kresse

Frühstücksspeck in einer beschichteten Pfanne bei leichter Hitze kross braten. Auf Küchenkrepp abtropfen lassen. Brot entrinden. Mayonnaise mit Senfpulver, Zitronensaft und Worcestersauce verrühren. Brotscheiben auf einer Seite hauchdünn bestreichen. Die Hälfte der Scheiben mit den gehackten Eiern belegen. Speck zerkrümeln, darüber verstreuen. Vorsichtig mit Salz (der Speck ist bereits salzig) und Pfeffer würzen, mit Kresse bestreuen. Die anderen Hälften darüberlegen. Fest andrücken und die Füllung gleichmäßig verteilen. Diagonal in Dreiecke schneiden.

Scones

Ofen auf 190 °C vorheizen. In der Küchenmaschine (oder mit der Hand) aus den Zutaten einen etwas krümeligen Teig herstellen. Sollte er zu feucht geraten sein, noch etwas Mehl dazugeben; alternativ mit etwas eiskaltem Wasser einem zu trockenen Teig entgegensteuern. Teig 2 cm dick ausrollen. Mit einem Glas (Durchmesser um 6 cm) Kreise ausstechen. Backblech mit Backpapier auslegen. Teigrunde auf das Papier legen. 10 Minuten goldgelb backen, bis die Scones schön aufgegangen sind. Halbieren und mit Clotted cream (oder Crème fraîche) bestreichen. Scones schmecken mit süßem und herzhaftem Belag; typisch sind Erdbeermarmelade oder Cheddarkäse.

300 g Mehl
2 TL Natron
1 TL Zucker
1/2 TL Salz
100 g kalte Butter, in Stücken
200 ml Buttermilch
200 ml Clotted cream (oder sehr gute Crème fraîche)
100 g Erdbeermarmelade
200 g Cheddarkäse

Reineclauden-Marmelade

1 kg Reineclauden, entsteint
1 kg Gelierzucker 1:1
4 EL Cointreau

Reineclauden und Zucker in einem großen Topf aufsetzen. Einmal aufwallen lassen, dann 4-8 Minuten oder nach Packungsangabe köcheln. Cointreau auf vier Einweckgläser verteilen. Marmelade in die Gläser füllen. Fest verschließen und gleich auf den Kopf stellen. Nach 10 Minuten wieder wenden. Die Marmelade ist zwar süß, schmeckt aber auch zu Weichkäse.

Safranbrötchen mit Frischkäse-Füllung

Safranfäden in 80 ml warmem Wasser einweichen. Mit einem Löffel die Safranfäden zerdrücken, damit sie ihre Farbe abgeben. Gebröckelte Hefe unter das Einweichwasser rühren. 1 EL Honig unterrühren. 15 Minuten stehen lassen, bis die Hefe eine Schaumkrone gebildet hat. In einer Schüssel Weizenmehl mit Salz verrühren. Hefe unterziehen und gut verrühren. Sahne und Butter unterrühren und alles zu einem festen Teig verkneten; das geht auch mit einem Holzlöffel. Rosinen unterrühren. Schüssel mit Küchenfolie abdecken, in ein Handtuch wickeln. Teig an einem warmen Ort 1 Stunde auf das Doppelte aufgehen lassen. Ofen auf 220 °C vorheizen. Teig aus der Schüssel nehmen, jetzt richtig durchkneten. Handtellergroße Stücke abtrennen und zu Brötchen formen. Backblech mit Backpapier auslegen. Brötchen mit Wasser bestreichen. Mit handbreitem Abstand nebeneinander auf das Backblech legen und 30-35 Minuten goldgelb backen. Unterdessen Frischkäse mit Gewürzen und dem restlichen Honig aromatisieren. Brötchen aus dem Ofen nehmen, kurz abkühlen lassen, dann in der Mitte auseinanderbrechen. Mit Frischkäse bestreichen und noch warm servieren.

8 Safranfäden
1 Päckchen Frischhefe, zerbröckelt
2 EL flüssiger Honig
500 g Weizenmehl (Type 550)
1 TL Salz
100 ml Sahne, leicht erwärmt
2 EL Butter, leicht erwärmt
1 Ei, leicht verschlagen
3 EL Rosinen
100 g Frischkäse
1 Msp. Zimt
1 Prise Muskatnuss
1 Prise Piment
1 Prise gemahlene Nelken

Hauptgerichte

Orecchiette mit Erbsen

Unter den vielen Pastasorten sind Orecchiette, die kleinen Öhrchen, wahrscheinlich die hübschesten. Und sie sind praktisch, denn in diesen Öhrchen lässt sich eine gehaltvolle Pastasauce gut in den Mund transportieren. Auch die hübsch aufeinander abgestimmten Farben machen dieses Rezept ansprechend.

Pasta nach Packungsangabe in sprudelndem Salzwasser al dente kochen. Unterdessen in einer beschichteten Pfanne das Öl bei Mittelhitze erwärmen, Zwiebel und Knoblauch (bei Wunsch) zugeben und 8 Minuten dünsten, bis sie weich sind. Erbsen und Zitronenzest unterrühren, 2 Minuten köcheln, bis die Erbsen aufgetaut sind. Parmaschinken unterziehen. Parmesan, Crème fraîche und Ei verquirlen, pikant pfeffern. Unter die Sauce rühren. Pasta abgießen, in die Sauce geben, alles gut durchrühren, bei Wunsch noch nachsalzen. Schmeckt am besten heiß.

400 g Orecchiette
Salz
3 EL Olivenöl
1 rote Zwiebel, abgezogen, fein gehackt
1 kleine Knoblauchzehe (bei Wunsch), abgezogen, zerdrückt
200 g TK-Erbsen
1/2 ungespritzte Zitrone, Zest abgezogen
200 g Parmaschinken, hauchdünn aufgeschnitten, fein zerpflückt
100 g Parmesan, fein gerieben
3 EL Crème fraîche
1 Ei
schwarzer Pfeffer aus der Mühle

Kartoffelpuffer mit Räucherlachs

Die zart besaiteten Fische brauchen manchmal eine Verschnaufpause. Und wenn dieses Kochbuch schon so pietätlos ist, ihnen vorzuschlagen, sich selbst zu verzehren, geht es jedoch auch auf diese Tatsache der häufigen Erschöpfung ein und schlägt vor, die Kartoffelpuffer ausnahmsweise fertig aus der Tiefkühltruhe zu nehmen.

8 TK-Kartoffelpuffer
50 g Butter
200 g Räucherlachs sehr guter Qualität
3 EL Dill-Senf-Sauce (Fertigprodukt)
200 ml Crème fraîche
1 Salat nach Wunsch (Radicchio, Lollo Rosso, o.ä.), gewaschen, geputzt, in mundgerechten Stücken

Kartoffelpuffer nach Packungsangabe in Butter braten. Auf einer großen Platte anrichten, mit Lachs, Dill-Senf-Sauce und Crème fraîche bekrönen. Salatblätter zur Dekoration dazwischenstecken.

Pizza Quattro stagioni

Schade, schade. Es gibt Partymonster wie die Löwen. Die stehen am nächsten Morgen stramm wie die Wikinger und brüllen schon wieder ihren Harem zusammen. Und dann gibt es Partymonster wie die Fische. Deren Flossen klitschen ganz schön an am wackeligen Körper nach einer Nacht der Exzesse, besonders wenn Alkohol im Spiel war. Hier das klassische Katerrezept.

Hefe in 100 ml lauwarmem Wasser mit Honig und Salz 10 Minuten gehen lassen, bis sich auf der Oberfläche Blasen bilden. Mehl in eine Schüssel sieben. Hefemischung unterrühren. Teig 5 Minuten verkneten, bis er elastisch und nicht mehr klebrig ist. Alternativ etwas mehr Mehl zugeben oder esslöffelweise lauwarmes Wasser. Teig zurück in die Schüssel geben, Schüssel mit Küchenfolie abdecken, in ein Handtuch wickeln und an einem warmem Ort 1-2 Stunden auf das Doppelte gehen lassen. Unterdessen Ofen auf 220 °C vorheizen. Ein EL Olivenöl in einer Pfanne erhitzen. Rote Zwiebel und Champignons bei leichter Hitze 8-10 Minuten garen, bis sie weich sind und ihren Saft abgeben. Salzen und pfeffern. Teig zu einem flachen Rund ausrollen und auf ein heißes Backblech legen. Mit einer Gabel in gleichmäßigen Abständen einstechen. Mit restlichem Olivenöl einstreichen und mit Parmesan bestreuen. Ein Viertel des Teigs mit den Champignonzwiebeln belegen. Tomaten und Mozzarella verrühren und auf einem weiteren Viertel verteilen. Die restlichen zwei Viertel mit Schinken bzw. Salami bedecken. Pizza 10-12 Minuten auf dem Backofenboden backen, bis der Teig knusprig und goldbraun ist und die Käse geschmolzen sind.

1 Tütchen Hefe
1 EL Honig
2 EL Salz
400 g Mehl
1 rote Zwiebel, abgezogen, fein gehackt
150 g Champignons, mit einem feuchten Küchentuch gereinigt, gehackt
3 EL Olivenöl
100 g Parmesan, fein gerieben
200 g Mozzarella, gehackt
300 g reife Tomaten, fein gehackt
150 g gekochter Schinken, fein gehackt
100 g Mailänder Salami, in feinen Scheiben

Rotbarschfilet mit Lauchgemüse in Haselnuss-Sahne

Rotbarsch gehört noch nicht zu den überfischten Meeresfischen, ein Thema, dass dem mitfühlenden Fische-Bild sicherlich nicht ganz unwichtig ist. Zudem enthält sein Fleisch viel Jod, Vitamin D und Vitamin B12, das für die Bildung der roten Blutkörperchen unerlässlich ist.

Lauchstangen in viel sprudelndem Salzwasser 15-20 Minuten weich garen. Unterdessen die Butter in einer großen beschichteten Pfanne erhitzen, bis sie schäumt. Fischfilets kalt abspülen, sorgfältig trockentupfen. Mit Zitronensaft aromatisieren, wenig salzen. Filets und Pfefferkörner in die Pfanne legen, Hitze auf leicht anstellen, Fisch darin von jeder Seite 5 Minuten braten. 2 EL der Kochflüssigkeit des Lauchgemüses mit Schmand, Weißweinessig, Haselnussöl und Salz zu einem cremigen Dressing verrühren. Fisch auf vier Tellern anrichten, mit der Bratenbutter beträufeln. Lauchgemüse daneben anrichten, mit dem Haselnussdressing beträufeln und mit Haselnüssen bestreuen.

- 1 kg Lauch, geputzt, im Ganzen
- Salz
- 100 ml Schmand
- 2 EL Weißweinessig
- 2 EL Haselnussöl
- 1 Hand voll Haselnüsse
- 3 EL Butter
- 1 Spritzer Zitronensaft
- 4 Rotbarschfilets
- 1 EL rote Pfefferkörner, leicht zerdrückt

Kalbsleber mit Rotwein-Schalotten und Pastinakenpüree

Leber ist reich an Vitaminen, und die Leber junger Kälber ist am zartesten. Dieses Wintergericht ist fein aromatisiert und kommt dem zarten Fische-Wesen sehr entgegen.

100 g Butter
8 Schalotten, abzogen, halbiert
50 ml Rotwein
Salz und schwarzer Pfeffer aus der Mühle
1 EL flüssiger Honig (bei Wunsch)
800 g Pastinaken, geschält, gehackt
1 Spritzer Zitrone
200 ml Hühnerbrühe
4 Kalbslebern, ohne Sehnen
2 EL Mehl

2 EL Butter in einer beschichteten Pfanne zerlassen. Schalotten zugeben. Bei leichter Hitze 15 Minuten köcheln, bis sie glasig sind. Mit Rowein ablöschen, salzen und pfeffern. Honig (bei Wunsch) unterrühren. Unterdessen Pastinaken mit Zitronensaft beträufeln. Hühnerbrühe in einen Topf geben, Pastinaken darin 10 Minuten köcheln, bis sie gar sind und die Brühe verdampft ist. Zwischendrin die Kalbsleber kalt abspülen und sorgfältig trockentupfen. Mehl mit Salz und Pfeffer würzen. Auf einen großen Teller geben. Leber darin wenden, Überschuss abklopfen. Schalotten aus Pfanne heben. 2 EL Butter in der Pfanne erhitzen. Leber in der Butter von beiden Seiten 5-8 Minuten braten, bis sie gar ist. Unterdessen Pastinaken und die restliche Butter mit einem Zauberstab pürieren. Leber auf vier Tellern anrichten, mit Rotwein-Schalotten bestreuen. Pastinaken-Püree daneben garnieren. Heiß servieren.

Boeuf Stroganoff mit Pilaw

Ah! Auch dieses ein Gericht zum Träumen. Benannt nach dem russischen Diplomaten Pavel Stroganoff. War er ein Schwerenöter? Wie er wohl aussah? Nun, absolut hinreißend. Im Museumshaus der Familie unweit von Sankt Petersburg hängt ein Porträt von Jean-Laurent Mosnier. Blond, blaue Augen, entschlossene Stirn... leider schon 1822 verstorben und sowieso viel zu früh. Das Gericht soll einer seiner Köche erfunden haben. Es gibt unzählige Versionen des Boeuf Stroganoff. Sogar mit Roter Bete, häufig mit Gewürzgurken. Dieses Rezept ist verhältnismäßig einfach gehalten.

Senfpulver mit Zucker, Salz und etwas lauwarmem Wasser zu einer Paste verrühren, einige Minuten quellen lassen. Unterdessen das Pflanzenöl in einer Pfanne erhitzen. Fleisch zugeben, von allen Seiten bei hoher Hitze kurz anbraten. Champignons, Perlzwiebeln, Salz und Pfeffer zugeben, Senfpulver unterrühren. Einmal aufwallen lassen, dann abgedeckt bei kleiner Hitze 15-20 Minuten durchgaren lassen. Unterdessen den Reis in Hühnerbrühe einmal aufwallen lassen, dann abgedeckt bei leichter Hitze 15 Minuten weich garen. Küchentuch zwischen Deckel und Topf legen und noch 5 Minuten ausdampfen lassen. Butter unterrühren. Schmand unter das Fleisch rühren, nochmals abschmecken. Heiß servieren.

1 EL Senfpulver
1 EL feinster Zucker
1 EL Salz
50 ml Pflanzenöl
800 g Rinderfilet, fein geschnetzelt
400 g Champignons, mit einem feuchten Küchentuch abgewischt, ohne Stiele, geviertelt
200 g Perlzwiebeln
schwarzer Pfeffer
200 g Langkornreis
500 ml Hühnerbrühe
2 EL Butter
250 g Schmand

Heringssalat mit neuen Kartoffeln

Fisch in jeder Form ist wichtig für den Fisch. Und damit's nicht langweilig wird, hier das gute alte deutsche Hausrezept für Heringssalat.

Fleischwürfel in eine große Schüssel geben. Zwiebel reiben und unterrühren. Apfel in feine Stücke teilen und unterziehen. Crème fraîche und Zitronensaft verquirlen, mit Salz und Pfeffer vorsichtig abschmecken. Unter den Salat rühren. Mit Dillspitzen bestreuen. Abgedeckt im Kühlschrank 8 Stunden durchziehen lassen. Dann sorgfältig durchrühren und nochmals abschmecken. Unterdessen die Kartoffeln in Salzwasser einmal aufkochen lassen, dann 20-25 Minuten weich kochen. Abtropfen lassen. Zum Salat servieren.

4 Doppel-Matjesfilets, fein gewürfelt
1 rote Zwiebel, abgezogen
1 säuerlicher Apfel, geschält, entkernt
200 ml Crème fraîche
Saft von 1 Zitrone
Salz und schwarzer Pfeffer aus der Mühle
1 Bund Dill, Spitzen fein gehackt
1 kg neue Kartoffeln, bei Wunsch geschält, sonst gut abgeschrubbt

Überbackener Blumenkohl auf Reisbett

> Mehr als andere Sternbilder neigen die Fische zur Schlaflosigkeit. Deshalb abends nicht mehr zu spät essen und auf leichte Speisen achten.

1 Blumenkohl, ohne gelbe Blätter oder bräunliche Stellen, in Röschen zerteilt
Salz
80 g Butter
1 TL Mehl
schwarzer Pfeffer
frisch geriebene Muskatnuss
4-6 Tropfen Trüffelöl (bei Wunsch)
100 ml Crème double
100 g gekochter Schinken, fein geschnitten
1/2 Bund glatte Petersilie, fein gehackt
1/2 altbackenes Brötchen, frisch gerieben
50 g Schweizer Emmentaler oder Greyerzer, fein gerieben
200 g Reis

Blumenkohlröschen in wenig Salzwasser 15 Minuten garen. Unterdessen den Ofen auf 200 °C vorheizen. Eine kleine feuerfeste Form mit 1 TL Butter einreiben. Blumenkohl aus dem Kochwasser heben und nebeneinander in die Form einschichten. In einem Töpfchen 2 EL Butter erhitzen. Mehl einstäuben. 3-4 EL Blumenkohlwasser unterrühren und mit einem Schneebesen zu einer glatten Sauce pürieren. Mit Pfeffer, Salz und Muskatnuss aromatisieren. Wenn Sie keinen Schinken verwenden, nun das Trüffelöl unterrühren. Crème double, Schinken und Petersilie unterrühren. Sauce über den Blumenkohl verteilen. Mit Semmelbrösel und Käse bestreuen. Restliche Butter in Flöckchen darüber verteilen. 20-25 Minuten knusprig goldbraun backen. Unterdessen Reis nach Packungsangabe in Salzwasser weich garen. Auf einer Platte verteilen. Blumenkohlröschen mit Sud darüber anrichten. Schmeckt am besten heiß.

Lachsravioli in Dillsahne mit einem Schuss Pernod

Ist der Fisch etwa ein Kannibale, weil und wenn er sich selbst verzehrt? Auf keinen Fall. Darüber wacht schon Neptun. Da dieses Sternbild auch ein Wasserzeichen ist, gesellt sich einfach Gleich gerne zu Gleich. Doch überdies ist Fisch ein exzellenter Lieferant von hochwertigem Eiweiß.

Lachs mit Schnittlauchröllchen, Limettensaft und Salz und schwarzem Pfeffer nach Wunsch verrühren. 30 Minuten abgedeckt im Kühlschrank marinieren. Dann Marinade abgießen. 12 Wonton-Blätter auf einer Arbeitsfläche auslegen. Die Ränder der Teigblätter fingerbreit ganz leicht mit Wasser befeuchten; das wirkt hinterher wie eine Art Klebstoff. Nun die Füllung esslöffelweise in die Mitte von 6 Blättern setzen und mit den restlichen 6 Blättern bedecken. Ränder fest andrücken. Mit der restlichen Füllung ebenso verfahren; sicherlich werden Sie Wan-Tan-Blätter übrig behalten, aber gerade Anfänger reißen diese hauchdünnen Blätter auch manchmal ein und so ist es gut, ausreichend Blätter in Reserve zu haben. Einen großen Kochtopf oder breite Pfanne mit sprudelndem Salzwasser füllen. Ravioli darin 2-3 Minuten garen, bis sie fertig sind; dann steigen sie an die Oberfläche. Mit einem Schaumlöffel aus dem Sud heben und auf vier Teller verteilen. Sahne, Dillspitzen und Pernod in einem Töpfchen erhitzen und 2-3 Minuten einköcheln, bis sich die Aromen verbinden. Mit Salz und Pfeffer nach Wunsch abschmecken und über die Ravioli träufeln.

400 g Lachsfilet ohne Haut, fein gehackt
1/2 Bund Schnittlauch, in feinen Röllchen
Saft von 1 Limette
Salz und schwarzer Pfeffer aus der Mühle
1 Päckchen Wan-Tan-Blätter (TK-Regal im Asia-Markt), aufgetaut
200 ml Sahne
1 Hand voll Dillspitzen
2 EL Pernod

Schweinekoteletts aus der Normandie

Cidre, Apfelmus, Schalotten und Crème fraîche sind klassisch für die normannische Küche. Dieser wunderbare Landstrich im Norden Frankreichs zeichnet sich jedoch nicht nur durch seine hochwertigen Lebensmittel aus. Sondern auch durch ganz viel Küste, ein Umfeld, dass dem Fisch richtig gut tut.

Kartoffeln in Salzwasser 25 Minuten weich garen. Abtropfen lassen und wieder in den Topf geben. Unterdessen die Koteletts vorsichtig salzen und pfeffern. Butaris oder Pflanzenöl in einer großen beschichteten Pfanne zerlassen. Fleisch von beiden Seiten bei mittlerer Hitze 3 Minuten bräunen. Aus der Pfanne heben. Äpfelspalten und Schalotten in den Fleischsud geben, leicht salzen und pfeffern und mit 2 EL Butter bei mittelhoher Hitze 5 Minuten köcheln. Fleisch zurück in die Pfanne geben, bei mittelhoher Temperatur mit Cidre ablöschen. Nach 3-4 Minuten ist der Alkohol verdampft. Nun Crème fraîche unterrühren. Restliche Butter zu den Kartoffeln geben und zerlassen. Mit einem Kartoffelstampfer oder einer Gabel die Kartoffeln zerdrücken und mit der Butter mengen. Milch angießen. Mit Muskat und Pfeffer abschmecken. Kartoffelpüree auf Tellern verteilen, darüber die Koteletts in der Apfel-Schalotten-Creme anrichten.

1 kg weichkochende Kartoffeln, geschält, halbiert
Salz
4 Schweinekoteletts, Speckrand mehrfach eingeschnitten
Pfeffer
2 EL Butaris oder Pflanzenöl
4 aromatische Kochäpfel (z.B. Gravensteiner), entkernt, in Streifen
4 Schalotten, abgezogen, in hauchfeinen Ringen
4 EL Butter
100 ml Cidre
100 ml Crème fraîche
3 EL Milch
1 Prise Muskat

Schweinelende mit Spargelsalat und Kerbelkartoffeln

Die schonende Zubereitung der Zutaten und deren zurückhaltende Aromatisierung passt zum sanften und von den Unbillen des Lebens allzu schnell gebeutelten Charakter des Fisches.

800 g Schweinelende
Salz und schwarzer Pfeffer aus der Mühle
2 EL Butaris
3 EL Butter
1 Glas Weißwein
800 g weißer Spargel, geschält, im Ganzen
1 EL Zucker
1 kg Salatkartoffeln, geschält
2 EL Rapsöl
Saft von 1 Zitrone
4 Eier, wachsweich gekocht
1 Bund Kerbel, geputzt, zerpflückt

Ofen auf 190 °C vorheizen. Fleisch unter kaltem Wasser waschen, sorgfältig trockentupfen, mit Salz und Pfeffer einreiben. Butaris und 2 EL Butter in einer Pfanne zerlassen. Fleisch von allen Seiten 10 Minuten anbräunen. Mit Weißwein ablöschen. Fleisch in eine ofenfeste Kasserole oder Auflaufform geben, mit Bratensud beträufeln, abgedeckt 15 Minuten im Ofen backen, dann Ofen ausschalten und Fleisch darin etwas abkühlen lassen. Bei Wunsch Teller zum Vorwärmen in den Ofen schieben. Unterdessen Spargel in sprudelndes Salzwasser geben, restliche Butter und Zucker unterrühren und 12-14 Minuten bissfest garen. Aus dem Sud heben, diagonal in fingerlange Stücke teilen. Aus Rapsöl, Zitronensaft und 3-4 EL Kochsud eine Marinade zubereiten und über den Spargel träufeln. 10 Minuten ziehen lassen. Gleichzeitig Kartoffeln in sprudelndem Salzwasser 20-25 Minuten weich garen. Abgießen, zurück in den Topf geben und ausdampfen lassen. Zum Servieren das Fleisch in fingerdicke Scheiben schneiden, auf einer Platte anrichten und mit Bratensaft beträufeln. Spargel dazu garnieren und mit gehackten Eiern bestreuen. Kartoffeln mit Kerbel bestreuen. Schmeckt auch bei Zimmertemperatur.

Filet vom Roten Schnapper auf Fenchelgrün-Bett

Anfängertauglich und hübsch anzusehen ist dieses Gericht. Letzteres ist das Sternbild Fische auch. Anfängertauglich nicht unbedingt. Der Partner muss sich schon etwas mit den Menschen und dem Leben auskennen, damit er sie nicht verkennt oder, schlimmer noch, zu verbiegen versucht.

Ofen auf 180 °C vorheizen. 60 cm Alufolie in der Mitte mit Fenchelgrün, dann mit Fenchelscheiben belegen. Darauf den Fisch legen. Mit Zitronenöl beträufeln und mit Salz und Pfeffer bestreuen. Alufolie an den Seiten hochschlagen und zu einem »Dach« formen; dieser Hohlraum hilft beim gleichmäßigen Garen des Fisches. Sämtliche Alufolienränder fest aneinanderdrücken; es soll keine Luft an den Fisch gelangen. 15 Minuten garen, aus dem Ofen nehmen und noch 2-3 Minuten ruhen lassen. Am besten als noch geschlossenes Päckchen auf eine große Platte legen und vor den Gästen öffnen, denn das Aroma ist unvergleichlich. Der Fisch ist gar, wenn er nicht mehr glasig ist.

2 große Fenchel mit Grün, Grün abgeschnitten, Fenchel geputzt, in dünnen Scheiben
800 g Filet vom Roten Schnapper (auch anderer aromatischer Weißfisch passt)
4 TL Zitronenöl (s. Rezept)
Salz und schwarzer Pfeffer aus der Mühle

Zitronenöl

500 ml Olivenöl
3 TL Sesamöl (bei Wunsch)
1 TL Szechuan-Pfefferkörner
3 Zitronengrasstängel, geputzt, längs halbiert
Schale von 1 ungespritzten Zitrone

Alle Zutaten in einem Topf aufwallen lassen, dann 15 Minuten köcheln, bis sich die Aromen verbunden haben. Durch ein Sieb abseihen. In eine Flasche abfüllen. Kalt und dunkel aufbewahren.

Desserts

Valentinstag – Ihr Liebesrezept

Dass dieser Tag einem anderen Sternbild in den Schoß gefallen ist, ist einfach nicht richtig. Nur ein einfühlsames, mitfühlendes, zart fühlendes Temperament wie das der Fische passt perfekt zu diesem Tag der Liebenden. Deshalb bekommen Sie »Ihr« Liebesrezept einfach mit einigen Tagen Verspätung überreicht. Bitte schön!

Schokolade im Wasserbad langsam zerschmelzen lassen. Butter mit einem Schneebesen unterrühren. Eigelb unterrühren; die Masse wird fest. Vom Herd nehmen, Puderzucker und Crème double einrühren. In zwei hübsche Behälter füllen. Mit Schokolade mit Blattgold bestreuen und 3-4 Stunden im Kühlschrank durchziehen lassen.

100 g Bitterschokolade (70% Kakaoanteil)
50 g Butter, bei Zimmertemperatur
1 Eigelb
3 EL Puderzucker
150 ml Crème double
Schokolade mit Blattgold (nach Portemonnaie), gerieben

Tipp

Schokolade mit Blattgold gibt es bei Harrods (wo sonst?) unter www.harrods.com und dem Stichwort: cocoa oro gold leaf bar

Der Valentinstag

Wie viele unserer heutigen Fest- und Feiertage ist der St. Valentinstag heidnischen Ursprungs. Im alten Rom wurde am 14. Februar der Göttin Juno gehuldigt, Göttin der Frauen und der Ehe. Am nächsten Tag begann das »Fest der Liebe«. Eine Liebeslotterie war wichtiger Bestandteil dieser Festivitäten. Mädchen schrieben ihren Namen auf Papierfetzen und steckten sie in Gefäße, aus denen junge Männer sich einen solche Namen (und damit auch eine romantischere Partnerin für den Zeitraum des Festivals) fischen durften. Die Frühchristen schafften dieses mehrtägige Zusammenleben ohne Trauschein voller Entsetzen ab, versuchten allerdings, die Namen hübscher junger Mädchen durch tote katholische Heilige zu ersetzen.

Ein solcher Märtyrer der katholischen Kirche, der am 14. Februar 269 n. Ch. hingerichtet wurde, hieß Valentinus. Aus ihm wurde der Heilige Sankt Valentin und aus dem erotischen Treiben ein romantisch-keusches Streben. Denn es war ausgerechnet das heimliche Stiften der Ehe, das Valentinus zum Verhängnis wurde. Um die Kampfeskraft seiner Soldaten nicht zu gefährden, hatte Kaiser Claudius II. nämlich ein Eheverbot erlassen, das Valentinus – selbst unverheiratet – umging. Dafür wurde er mit dem Tode bestraft.

Minimändelchen

Eine Käseplatte als Dessert, das sieht zwar sehr schön aus, aber viele Fische vertragen Käse nicht so gut. Diese kleinen Kekse sind nicht zu süß und passen gut zu einem Glas aromatischem Weißwein oder Vanilleeis.

Ofen auf 180 °C vorheizen. Butter und Zucker in einer Schüssel schaumig schlagen. Die Eier nacheinander unterrühren. Mandeln unterrühren. Mehl unterziehen. Muffinsform mit 12 Papierförmchen auslegen. Teig in die Förmchen füllen. 15 Minuten backen, bis die Muffins innen nicht mehr feucht sind. Um das zu überprüfen, einfach mit einem Zahnstocher hineinstechen. Aus dem Ofen nehmen und in der Form abkühlen lassen; jetzt garen sie noch nach. Schmecken am besten warm zu einem Glas aromatischem Weißwein oder zu Vanilleeis.

120 g Butter, bei Zimmertemperatur
120 g feinster Zucker
3 Eier
120 g gemahlene Mandeln
50 g Mehl
1 Prise Salz

Affogato

Untergegangen in einem Espressobad, so die wörtliche Übersetzung. Alles, was flüssig ist, liebt dieses Sternbild.

4 Kugeln Bourbon-vanilleeis
100 ml starker Espresso, abgekühlt
1 Schuss Brandy
50 g Walnüsse, gehackt

Eis auf vier hübsche Eisbecher (oder in vier Sektschalen) verteilen. Espresso und Brandy verrühren und über das Eis gießen. Mit Walnussstücken garnieren.

Vanillekipferl

Auch dieses ein Rezept zum Träumen. Beim Formen der feinen kleinen Kekse (je dünner, desto delikater) lässt es sich wunderbar den schönsten Träumen nachhängen.

Mehl in eine Schüssel sieben. In der Mitte eine Vertiefung machen. Butter, Zucker und Mandeln hineingeben. Mit einem Holzlöffel oder den Händen zu einem Teig verkneten. In Küchenfolie wickeln und im Kühlschrank 2 Stunden ruhen lassen. Unterdessen Ofen auf 200 °C vorheizen. Vom Teig weintraubengroße Kugeln abstechen und zwischen den Handballen zu kleinen Hörnchen formen. Backbleche mit Backpapier auslegen. Hörnchen nebeneinander legen und 12 Minuten hellgelb backen; sind die Spitzen hellbraun, sind sie gar. Kipferl auf dem Blech etwas abkühlen lassen (dieser Schritt ist wichtig, denn sie reißen sonst leicht). Unterdessen Zucker und Vanillezucker auf einen Teller geben und gut mischen. Kipferl noch warm und ganz vorsichtig im Zucker wälzen. Sollten sie zu sehr abgekühlt sein und den Zucker nicht annehmen, legt man sie nochmals für 1 Minute in den Ofen.

280 g Mehl
210 g Butter, in Stücken
70 g Zucker
100 g gemahlene Mandeln
5 Päckchen Vanillezucker
100 g feinster Zucker

Baumkuchen

Fische sind auch sehr kreativ. Deshalb gefällt ihnen dieses Rezept für einen Baumkuchen, der besser schmeckt als die meisten gekauften, nur nicht mehr die gleiche Form hat.

Backofengrill vorheizen. Butter und Zucker in eine Schüssel geben und mit dem Mixer schaumig schlagen. Eier nacheinander unterrühren. Weizenpuder manuell mit den Mixhaken unterheben, dann elektrisch einarbeiten. Mandeln und Rum unterrühren. Zitrone abreiben, Abrieb unterrühren. Eine Springform mit der restlichen Butter einfetten. 2 Esslöffel des recht flüssigen Teigs in die Springform gießen und mit dem Löffel verstreichen. Springform in den Ofen schieben. Nach ca. 50 Sekunden ist die hauchdünne Teigschicht hellbraun. Springform aus dem Ofen holen, 1 Esslöffel Teig darauf verstreichen (das geht leicht, weil die unterste Schicht heiß ist und der Teig zerläuft). Wieder ca. 50 Sekunden in den Ofen schieben, bis die Schicht hellbraun ist. Der Teig reicht für ca. 12 Schichten. Kuchen aus dem Ofen nehmen, in der Form etwas abkühlen lassen. Unterdessen die Kuvertüre in einem Wasserbad zerschmelzen. Den Baumkuchen von allen Seiten mit Schokolade überziehen.

250 g Butter, bei Zimmertemperatur + 1 TL
250 g feinster Zucker
5 Eier
250 g Weizenpuder
50 g gemahlene Mandeln
1 EL Rum
1 ungespritzte Zitrone
200 g dunkle Kuvertüre

Zitronenkuchen

Zitronen liefern eine Extradosis Vitamin C. Dieses Sternzeichen ist nicht gerade das robusteste, und alles, was fein aromatisiert mit Vitaminen, Mineral- und Nährstoffen ausgestattet daherkommt, ist eine feine Sache.

4 Eier, getrennt
1 Prise Salz
150 g Butter + 1 TL
100 g feinster Zucker
300 g Mehl + 1 TL
2 TL Backpulver
250 ml Schmand
1 ungespritzte Limette
2 Zitronen
100 g Puderzucker
3 EL Limoncello

Ofen auf 180 °C vorheizen. Eiweiße in einer großen Schüssel mit einer Prise Salz steif schlagen. Aus der Schüssel löffeln. Nun Butter und Zucker in der Schüssel mit dem Rührmixer schaumig schlagen. Eigelbe nacheinander mit dem Mixer einarbeiten. Mehl mit Backpulver und Salz verrühren. Manuell unter den Teig ziehen, dann vorsichtig mit dem Mixer einarbeiten. Schmand unterrühren. Limettenschale hauchdünn abziehen und fein schneiden. Zusammen mit dem Saft der Limette unter den Kuchen rühren. Steif geschlagene Eiweiße manuell mit den Rührstäben unterheben; sie lockern den Kuchen auf. Mit der restlichen Butter eine Springform einfetten und vorsichtig mit dem restlichen Mehl einstäuben. Überschuss herausklopfen. Teig einfüllen. 60 Minuten backen, dann den Kuchentest machen: Mit einem Zahnstocher in die Teigmitte stechen. Weist er keine Rückstände auf, ist der Kuchen gar. Unterdessen die Zitronen auspressen und mit Puderzucker und Limoncello verrühren. Sobald der Kuchen aus dem Ofen genommen ist, gleichmäßig in engen Abständen mit einer Gabel tief in den Kuchen einstechen. Zitrusglasur mit einem Pinsel gleichmäßig über dem Kuchen verteilen und einsickern lassen. Vor dem Aufschneiden fast vollständig abkühlen lassen.

Apfeltarte mit Mandelfüllung

Äpfel stehen ganz oben auf der Liste der Dinge, die dem Fisch gut tun.

Mehl, Zucker, Salz, Butter und Eigelb in der Küchenmaschine zu einem krümeligen Mürbeteig verarbeiten. Sollte er zu trocken sein, 1 EL Wasser unterrühren. Teig in Küchenfolie wickeln und 30 Minuten im Kühlschrank ruhen lassen. Ofen auf 190 °C vorheizen. Unterdessen die Äpfelspalten in eine flache Schale geben und mit Zitronensaft beträufeln. Zucker, Mandeln, Eier und Crème double mit einer Gabel sorgfältig verrühren. Teig ausrollen und eine Springform damit auskleiden. Falls er zu sehr klebt, können Sie entweder Ihre Hände bemehlen und ihn mit den Fingern in die Form drücken oder das Nudelholz bemehlen. Die Füllung auf dem Boden verstreichen. Äpfelspalten aus dem Zitronensaft heben und in einem gleichmäßigen Muster darauf anordnen. Äpfel mit Aprikosenmarmelade bestreichen. 40 Minuten backen, zwischendurch überprüfen, dass die Äpfel nicht zu dunkel werden. Schmeckt natürlich auch warm.

200 g Mehl
2 TL Zucker
1 Prise Salz
100 g Butter
1 Eigelb
3 säuerliche Äpfel, geschält, entkernt, in feinen Spalten
Saft von 1 Zitrone
100 g feinster Zucker
150 g gemahlene Mandeln
2 Eier, verschlagen
250 ml Crème double
100 g Aprikosenmarmelade

Ananas Tarte Tatin

Der Ursprung der Tarte Tatin liegt im Missgeschick zweier französischer Schwestern, die einen Apfelkuchen servieren wollten, der köstlich duftete, aber leider kurz vor dem Servieren aus der Form rutschte. Prompt bauten sie ihn wieder zusammen, allerdings mit der Füllung zuerst. Es sind Küchenerlebnisse wie diese, die das bei vielen Fischen nur in Ansätzen ausgebildete praktische Händchen zum Wachsen bringen können… Dieser Klassiker wurde hier mit Ananas gebacken.

Ofen auf 180 °C vorheizen. Eine ofenfeste Bratpfanne ohne Griff auf dem Herd leicht erwärmen. Die Butter darin zerlassen. Die Ananasstückchen in einem schönen Muster (konzentrisch oder als Wellen) in der Butter anordnen und mit Zucker bestreuen. Bei leichter Hitze einige Minuten karamellisieren lassen. Unterdessen den Teig zubereiten. Dazu die Butter in Stücken in eine Rührschüssel geben. Den Zucker zugießen. Mit dem Mixer verrühren, bis sich eine homogene Masse bildet. Die Eier nacheinander sorgfältig unterrühren. Rum und Ananassaft angießen und unterrühren. Mehl, Backpulver und Salz über die Masse stäuben und mit dem ausgeschalteten Mixer vorsichtig unterrühren. Die kleinen schwarzen Perlen aus den Kardamomkapseln herausfischen und im Mörser pulverisieren. Unter das Mehl mischen.

80 g Butter
1 mittelgroße Ananas, geschält, längs geviertelt, vom Strunk befreit, in fingerdicken Scheiben
100 g brauner Zucker
100 g Butter bei Zimmertemperatur, in Stücken
220 g Zucker
2 große Eier
1 EL Rum
100 ml Ananassaft
200 g Mehl
2 TL Backpulver
1 Prise Salz
4 Kardamomkapseln, zerstoßen

Nun bei niedrigster Stufe das aromatisierte Mehl einarbeiten (Vorsicht, es könnte stauben!). 1 Minute bei hoher Geschwindigkeit alles mixen. Teig über die karamellisierten Ananas gießen und die Bratpfanne nun in den Ofen geben. Teig mit einem Löffel oder einem Teigspachtel gleichmäßig über den Ananasstücken verteilen, ohne sie durcheinander zu bringen. 45 Minuten backen, bis ein Zahnstocher, der in die Mitte des Teigs gestochen wird, keine Rückstände mehr aufweist. Teig auf eine Kuchenplatte wenden und am besten noch lauwarm servieren.

Götterspeise für Erwachsene

Wobei die Götterspeise wörtlich zu nehmen ist. Gerade die weiblichen Fische haben eine romantische Ader und sind, wie ihre männlichen Kollegen allerdings auch, hinreißende Liebhaber. Aber sie neigen dazu, das Objekt ihrer Begierde zu idealisieren, im schlimmsten Fall zu vergöttern. Und solchen Liebesbindungen ist selten ein gutes Ende vergönnt. Damit das nicht passiert, hier ein Dessert mit einer Art Denkzettel in Form des bitteren Nachgeschmacks von Campari.

Orangensaft mit Zucker in einem Topf bei leichter Hitze vorsichtig erhitzen, bis sich der Zucker vollständig gelöst hat. Topf vom Herd nehmen. Gelatine unterrühren. Limettenschale unterrühren. Gelee in vier Gläser füllen. Orangenschalen nach Wunsch in die erkaltende Götterspeise stecken. Im Kühlschrank mindestens 4 Stunden durchkühlen lassen, bis das Gelee fest ist.

4 ungespritzte Orangen, gepresst, Schalen in langen Streifen abgezogen
50 g feinster Zucker
1 Tütchen rote Gelatine
150 ml Campari
Schale von 1/2 Limette, fein geschnitten

Die besonderen Seiten der Fische

Was die elf anderen Sternenkollegen größtenteils verloren haben, ist mir dankenswerterweise erhalten geblieben: Die Fähigkeit, intuitiv zu wissen.

Ich weiß, wie andere sich fühlen, ich spüre ihre Energie, ihre Stimmung, Freude und Verzweiflung – und ihre Bedürfnisse – manchmal eher als sie selbst.

Im Alltag, zwischen Mailings, Meetings und Müllruntertragen nehme ich Zeichen und Symbole wahr, die anderen verborgen bleiben. Willkommen in meiner Welt der Wunder! Und der kulinarischen Überraschungen...

Handkäs mit Musik
- Das Rausschmeißerrezept

Meine Güte! Mir ist ganz schwiemelig nach diesen Rezepten und Texten und Lobgesängen über meine Zartheit, Klugheit und meinen Geist. Manchmal esse ich gerne handfeste Dinge. Natürlich feiner aromatisiert, als aus der Küche wie bei Muttern. Aber es muss nicht immer Kaviar sein, da hatte der Simmel schon recht.

Harzer Käse in einer flachen Schüssel auslegen. Aus Öl und Essig ein Dressing mixen, mit Salz und schwarzem Pfeffer pikant abschmecken. Über den Käse träufeln. Mindestens 2 Stunden abgedeckt bei Zimmertemperatur durchziehen lassen. Wenden und bei Bedarf nochmals abschmecken. Mit Kürbiskernen und Kresse bestreuen.

400 g Harzer Roller, in feinen Scheiben
3 EL Kürbiskernöl
1 EL Balsamicoessig
Salz und schwarzer Pfeffer aus der Mühle
100 g Kürbiskerne
1-2 Kästchen Kresse

Das Glücksmenü der Fische

Süß sollte es sein. Fische sind begnadete Bäcker und lieben Zuckerzeugs. In einer früheren Inkarnation waren sie Patissiers bei Hofe. Wenn da nur die leidige Linie nicht wäre. Aber sich immer alles versagen, mit Ausdauersport den Pfunden zu Leibe rücken, dafür jeden Tag um sechs Uhr aufstehen, um den Kampf gegen sich selbst aufzunehmen und ihn dann den Rest des Tages gegen den Rest der Welt fortzusetzen... nein, das ist nicht wirklich Fische-like. Das Glück der Fische liegt im Loslassen, sich treiben lassen. Also gut, dann verwöhnen Sie sich mal nach Strich und Faden.

Amuse-gueule:
English tea

***

Vorspeise: Geeiste
Tomatensuppe

***

Hauptgericht: Lachsravioli
in Dillsahne mit einem
Schuss Pernod

***

Dessert:
Mini-Mändelchen

Das Erfolgsmenü der Fische

Fische können alles. Nicht immer sichtbar. Aber ihr Standort am Ende des Zodiakus bedeutet, dass sie alles gesehen haben, alles wissen und alles in sich tragen. Das würden sie selten selbst so beschreiben, denn Fische sind bescheiden. Aber auch erfolgreich. Das wissen andere Sternzeichen, die statt dem gewissen »Go with the flow«-Rhythmus der Fische, die wunderbar improvisieren können (beispielsweise aus einem Dessert eine Vorspeise machen), nur viel Energie, Willen und Mühe auf den Erfolg verwenden, nicht immer zu schätzen. Macht nichts.

Amuse-gueule: Götterspeise für Erwachsene

***

Vorspeise: Zip-Zap-Pasta

***

Hauptgericht: Heringssalat mit neuen Kartoffeln

***

Dessert: Ananas Tarte Tatin

Das Liebesmenü der Fische

Geboren für die Liebe... Fische stammen aus einer Zeit, in der Liebe noch romantisch sein durfte, man mit Tagträumen auch ruhig mal den lästigen Alltag verschwinden lassen konnte, nach Herzenslust vor sich hinträumen durfte und längst wusste, dass Intellekt eine feine Sache ist, es jedoch auch darauf ankommt, sein Herz zu entdecken und sprechen zu lassen. Das waren vielleicht schöne Zeiten! Wann genau die waren? Nun, das ist urkundlich nicht präzise erwähnt, aber es gab diese Zeiten... bestimmt!

Amuse-gueule: Chicorée-blätter mit Füllung

***

Vorspeise: Frische Artischocken mit pikantem Dip

***

Hauptgericht: Boeuf Stroganoff mit Pilaw

***

Dessert: Valentinstag

Register

Gerichte für den Fisch, wenn er Lust hat auf...

Asiatisches	35, 62, 66	Klassiker	54, 58, 60
Eis	75	Kreativität	28, 36, 40, 42, 78, 82
Erfolg	28, 91	Nudeln	28, 34, 60, 52
Fisch	44, 53, 56, 60, 62, 66	Orient	30-32
Fleisch	57, 58, 64, 65	Pizza	54
Fruchtiges	36, 42, 80, 82, 84, 79	Romantik	70-72, 90
Gäste	24, 26, 52, 66, 74	Salat	26, 27, 53
Geflügel	30	Schinken	52, 61
Gefühle	44, 46, 65, 70	Schokolade	70
Gemüse	22, 38, 40, 42, 43, 61, 66	Stärkendes	43, 54, 57, 60, 65
Gesundes	27, 35, 36, 38, 42, 56, 57, 61, 62, 79	Tea-Time	44-48
Kartoffeln	38, 53, 60, 62, 65	Träumerei	44, 58, 76
Käse	28, 34, 46, 48, 52, 59, 74, 88	Urlaub	30, 64, 73

Impressum

© 2005 Neuer Umschau Buchverlag GmbH, Neustadt an der Weinstraße

Alle Rechte der Verbreitung in deutscher Sprache, auch durch Film, Funk, Fernsehen, fotomechanische Wiedergabe, Tonträger jeder Art, auszugsweisen Nachdruck oder Einspeicherung und Rückgewinnung in Datenverarbeitungsanlagen aller Art, sind vorbehalten.

Illustrationen
Josephine Warfelmann

Reihengestaltung
Verena Böning, Karin Steinkamp

Gestaltung und Satz
Karin Steinkamp

Druck und Verarbeitung
Stige S. p. A., San Mauro

Printed in Italy

ISBN 3-86528-242-3

Die Ratschläge in diesem Buch sind von den Autoren und dem Verlag sorgfältig erwogen und geprüft, dennoch kann eine Garantie nicht übernommen werden. Eine Haftung der Autoren und des Verlages für Personen-, Sach- und Vermögensschäden ist ausgeschlossen.

Besuchen Sie uns im Internet
www.umschau-buchverlag.de